ROSIÈRES

EN SANTERRE

AMIENS
TYPOGRAPHIE D'ALFRED CARON FILS
Rue de Beauvais, 42
—
1864.

Rosières, le bourg le plus considérable du Santerre, chef-lieu de canton de l'arrondissement de Montdidier, ne peut être cité parmi ceux sur lesquels les historiens se sont le plus exercés. On peut même dire, sans crainte d'être démenti, que son histoire est encore à faire.

Grâce à un document qui m'a été communiqué, je puis aujourd'hui, si non publier une histoire, du moins donner une notice plus étendue que celles qui existent, particulièrement en ce qui concerne les anciennes Seigneuries de Rosières et de Vrely, que le manuscrit dont il s'agit avait pour but de faire connaître dans tous ses détails, sous le titre de *Terrier*.

Ce n'est pas un terrier ordinaire contenant seulement les noms de ceux qui relevaient de de la *Terre*, avec dîmes, censives, champart, corvées, et autres droits féodaux ; il contient des renseignements historiques sur le pays, son commerce, son industrie, sur la suite des Seigneurs, sur leurs droits honorifiques, etc., qui ne se trouvent pas toujours dans ces sortes d'inventaires.

Je reproduirai littéralement ce document, daté de 1777, dans ce qu'il peut avoir d'intéressant, en l'accompagnant de quelques notes complémentaires ou rectificatives.

Ce travail, malheureusement inachevé, a été exécuté par un commissaire à terriers, maître ès-arts et docteur agrégé en l'Université de Paris, sur les titres de la Seigneurie de Rosières, et avec dédicace à Madame Veuve de Bosquillon, née Cannet, qui prenait le titre de *Dame de Rosières*, et autres lieux. L'auteur n'est désigné que par sa profession et ses titres ci-dessus transcrits, et par les initiales D. M. — C'est tout ce que je sais de ce personnage qui demeure pour moi anonyme.

Les lecteurs compétents apprécieront à leur point de vue le travail de notre docteur et maître ès-arts, auquel je laisse la parole et la responsabilité de celles de ses recherches historiques que je n'ai pu contrôler.

F. Pouy.

ÉPITRE

A Madame Victoire Cannet, veuve de Me Jean-Baptiste-Augustin de Bosquillon, Dame de Rosières et autres lieux [1].

Madame,

La confiance dont vous avez bien voulu m'honorer en me chargeant de renouveler vos terriers m'enhardit aujourd'hui à vous offrir un ouvrage qui a dû être le résultat des connaissances que j'ai puisées dans vos archives.

Je ne parlerai pas du zèle et de l'attachement avec lesquels je me suis porté à ce travail, il doit être une suite naturelle de cette même confiance qui m'a été d'autant plus précieuse qu'elle a été plus entière. Si je ne craignais, Madame, d'alarmer votre modestie, j'oserais entrer dans le détail de ces rares vertus, de ces qualités estimables que cette même modestie ne peut déro-

---

[1] M. Bosquillon porte : d'azur à trois serpettes d'argent posées 2 et 1, au chef d'argent, chargé de 3 roses de gueules rangées en fasce.
Note de M. Goze.

ber entièrement à nos yeux ; mais ne serait-ce pas vouloir instruire le public de ce que personne n'ignore?... Qu'il me soit seulement permis, Madame, de rendre justice à cette rigide et scrupuleuse attention que vous m'avez tant de fois recommandée, pour la juste répartition de vos droits. Dans un cas douteux, vous disiez: « J'aime mieux perdre de mes droits que de risquer d'avoir quelque chose à mes vassaux. »

Vous pouvez calmer votre inquiétude sur cet objet, Madame; quand même la probité ne m'eût pas éclairé sur mes devoirs, des motifs aussi louables que les vôtres m'y eussent ramené.

J'ai l'honneur d'être,

        D. M.

IDÉE GÉNÉRALE.

La terre et la seigneurie de Rosières[1] est située dans cette partie de la Picardie, connue sous le nom de Santerre; elle est bornée au sud par le territoire de Vrely, au nord par ceux de Rousseville et Lihons, à l'est par celui de Méharicourt, et à l'ouest par ceux de Caix, Harbonnières et Vauvillers. Elle est à 3 lieues sud-ouest de Royo, 5 lieues nord de Péronne, 5 lieues sud-ouest de Montdidier; elle est du ressort de la généralité et de l'évêché d'Amiens, bailliage et élection de Montdidier, grenier à sel de Royo. Elle contient 3604 journaux, 70 verges, mesure de Montdidier, non compris le village et les voyeries. Le terrain en est généralement bon; le village comprend 700 feux et 4000 âmes. Il s'y fait un commerce de laine considérable. Il y a un marché le mardi et 3 foires franches par an[2]. Il y a 2 notaires dont un apostolique. La cure est à la nomination du prieuré de Lihons. Il y a trois moulins banaux et droit de four banal. Le château est fort ancien, bâti en briques et paraît avoir été fortifié[3]; le gros de la seigneurie relève de la suzeraineté du duché-pairie de Chaulnes.

Le seigneur de Rosières a droit de se qualifier du titre de *seul seigneur voïer* dans l'étendue du terroir de Rosières, et il a été maintenu dans ce droit par plusieurs arrêts du Parlement et du grand Conseil. Le dernier est du mois de décembre 1776, rendu contradictoirement entre Dame Adélaïde-Victoire Cannet, veuve de Messire Jean-Baptiste-Augustin Bosquillon de Blangy, dame de Rosières et Messire Antoine-Marie de Louvel, chevalier, seigneur de Warvillers et autres lieux. Ce droit est d'autant plus précieux aux seigneurs de Rosières que cette terre est composée d'environ 10 ou 15 fiefs, appartenant à différents seigneurs et particuliers, qui ne relèvent en aucune façon de la seigneurie de Rosières.

Madame Bosquillon a acquis cette terre le 8 juin 1768.

LES SEIGNEURS.

Le plus ancien seigneur de Rosières auquel on puisse remonter, est Adrien Carpentier, qui l'était en 1507 [1].

Le 2 avril 1517 cette terre fut saisie sur Adrien

Carpentier, à la requête d'Antoine de Betnisi, créancier dudit Carpentier de 60 livres tournois de rente. Et le 6 mars 1528, par décret du baillage de Montdidier, elle fut adjugée à Jacques de Pas, seigneur de Feuquières, maître d'hôtel de M. le duc d'Orléans, moyennant la somme de 3700 livres. Louis de Pas, son fils, lui succéda dans sa propriété et eut pour successeur François de Pas, son fils, mari de Anne de Moyencourt.

Le mardi 6 novembre 1601, cette terre fut saisie réellement sur la succession vacante de François de Pas, en vertu d'une sentence du Châtelet de Paris, du 24 septembre 1601, obtenue à la requête de Toussaint Chauvelin, avocat à Paris, créancier de 100 livres de rente, et par décret du Châtelet de Paris, du 24 janvier 1604, elle fut adjugée à Me Daniel d'Hardoncourt, gentilhomme de la chambre du Roi et Anne de Pas, sa femme, moyennant 10,000 livres.

Le 14 octobre 1637, M. d'Hardoncourt fit une donation entre-vifs de sa terre à Henri d'Hardoncourt, son fils, lieutenant-général des armées du Roi. Sa veuve fut quelque temps dame de Rosières, et donna cette terre à Charlotte sa fille, en faveur de son mariage avec messire Louis, marquis de La Châtre, maître de camp de cavalerie.

Par contrat du 8 août 1719, la veuve du marquis de La Châtre vendit sa terre à Marie-Madeleine De Lavieville, veuve de M. César-Alexandre du Beaudeau, comte de Parabère, brigadier des armées du Roi.

Le 14 juillet 1735, dame Marie-Madeleine DeLavieville, comtesse de Parabère, donna cette terre à demoiselle Gabrielle-Anne du Beaudeau de Parabère, sa fille, en faveur de son mariage avec messire Frédéric-Rodolphe, comte de Rotambourg, lieutenant-général des armées du roi de Prusse.

Sa veuve fut après lui dame de Rosières pendant quelque temps, et à sa mort la terre échut à messire Louis-Barnabé du Beaudeau, comte de Parabère, son seul héritier, qui, par contrat du 8 juin 1768, la vendit à messire Jean-Baptiste-Augustin Bosquillon de Blangy, chevalier, et à dame Adélaïde-Victoire Cannet, son épouse, moyennant 210 mille livres.

DROITS HONORIFIQUES.

Les Seigneurs dudit lieu ont droit, à l'exclusion de tous autres, d'avoir un banc dans le chœur de l'église de Rosières, d'être recommandés au prône et de recevoir l'eau bénite et l'encens de la main du célébrant; il ne paraît pas que ce droit leur ait été jamais contesté; on trouve seulement dans les archives de la Seigneurie de Rosières une assignation donnée, le 31 décembre 1666, à la requête de dame Claude-Barbe Dernancourt, veuve d'Henri d'Hardoncourt, à M. François Patoux, curé de Rosières, à comparoir aux requêtes du Palais, pour voir être dit que défenses lui seront faites de ne plus s'immiscer à l'avenir, sous quelque prétexte que ce puisse être, de se mettre ou asseoir dans le banc que ladite dame occupe en l'église de Rosières, en qualité de Dame du lieu. Cette assignation fut contestée en ce que le curé de Rosières prétendait ne pouvoir être traduit qu'à l'officialité; mais par arrêt du 26 février 1667 la cour prononça défaut contre lui.

FOIRES ET MARCHÉS.

Par lettres-patentes du mois d'août 1579, Henri III, roi de France et de Pologne, a accordé à dame veuve de messire de Pas, sieur de Feuquières, l'établissement de trois foires franches par an, et d'un marché franc le mardi de chaque semaine. Ces trois foires furent fixées : la première en janvier, jour de la Conversion de St-Paul, la deuxième le mardi de la Pentecôte, et la troisième le jour de St-Firmin. Ces lettres-patentes ont été confirmées le 13 décembre 1620, 30 janvier 1621, 17 mai 1627, 7 novembre 1731.

Mme la comtesse de Parabère paya, par ordonnance de l'Intendant du 26 septembre 1731, 31 livres 14 sols pour être confirmée dans la jouissance et possession des droits de foires et marchés, conformément aux déclarations du Roi du 27 septembre 1723 et à un arrêt du 5 juin 1725. De ces trois foires il n'y en a qu'une de considérable, qui est celle du jour de Saint-Firmin.

HALLES.

POIDS ET MESURES.

Il paraît que les Seigneurs de Rosières étaient autrefois en possession d'un droit à percevoir sur les laines et fil, qui se vendaient et achetaient dans le village Rosières, et que les particuliers étaient obligés d'apporter à cet effet leurs marchandises à une halle qui existait sur la place, vis-à-vis l'église, mais on ne trouve aucun titre de ce droit; le seul et le plus ancien document y relatif est un bail fait le 1er octobre 1739, au profit de Pierre Harlé, marchand à Rosières, du droit de poids et mesures, encore n'y est-il pas fait mention de la quotité numéraire de ce droit; on trouve aussi une liasse d'assignations données postérieurement à ce bail, mais on ne sait quelles en furent les suites. En 1759 le Seigneur de Rosières voulut en vain relever ce droit. Les halles furent détruites par le feu en 1773.

DROITS D'ÉCHANGE.

Le Seigneur de Rosières est en possession des droits d'échange à percevoir sur tous les héritages et biens relevant immédiatement de lui, tant en fiefs qu'en roture. Le titre d'acquisition de ces droits n'est pas aux archives de Rosières, mais on y trouve plusieurs quittances de finances pour confirmation de ces droits. On y voit aussi une requête présentée par Louis-Honoré Serpète de Lihu, receveur de Madame la comtesse de Rotambourg à M. de Chauvelin, intendant, du 7 décembre 1746, demandeur en restitution contre le contrôleur des Aides de Lihons, qui s'était fait payer au profit de la ferme générale des droits seigneuriaux dus pour échange dans la paroisse de Rosières. Sur cette requête est intervenue une ordonnance de restitution.

CHAMPART.

Le Seigneur de Rosières a droit de percevoir un champart, à raison de 9 gerbes du cent, sur environ 50 journaux de terre au terroir de Rosières, lieu dit le Fond de Caix. Ce droit fut acquis du sieur Boitel, seigneur de Rainecourt, pour moitié, par contrat, devant Boulanger, notaire à Harbonnières, le 4 mai 1655.

SEIGNEURS FIEFFÉS.

Le Prieuré de Lihons est Seigneur d'une assez grande quantité de maisons et héritages au village de Rosières, et possède 360 journaux de terre en domaine; il y eut des procès considérables entre ce Prieuré et le Seigneur de Rotambourg, de Rosières, relativement à la justice et à la banalité des moulins; mais par arrêt du grand Conseil, du 30 septembre 1745, celui-ci a été maintenu dans sa possession et sa qualification de Seigneur voyer, haut et bas justicier, dans l'étendue des terres, seigneurie et paroisse de Rosières, à l'exclusion de tous autres; il fut ordonné à l'abbé Ozanne de faire démonter dans la quinzaine les ailes du moulin qu'il avait fait construire sur le terroir de Rosières, et défense à lui de troubler le comte de Rotambourg dans sa possession de justice.

Le Prieuré de St-Arnault, de Crépy-en-Valois, est Seigneur de quelques maisons et héritages au village de Rosières, et indépendamment de 150 journaux de terre, ce domaine possède beaucoup de mouvances tant en fief qu'en roture, en champart et en dîmes. Il y avait, en 1777, procès entre ce Prieuré et le Seigneur de Rosières pour les droits de justice et de voierie.

Antoine-Marie de Louvel, vicomte d'Autrèche, seigneur de Warvillers, Arvillers, Premierval, Largillière et autres lieux, possède un fief consistant en 156 journaux de domaine, et en plusieurs mouvances, connu sous le nom de fief Nantouillet, provenant de M. Duprat de Barbanson, marquis de Nantouillet.

Il y a eu aussi procès pour la voierie, gagné par M. de Louvel, au Châtelet, perdu par lui au Parlement en décembre 1776, la dame de Rosières fut maintenue dans le droit de se qualifier *seule dame voière* dans toute l'étendue du terroir de Rosières.

Les autres seigneurs fieffés étaient :

Vrayet de Moranviller, trésorier de France, au bureau des Finances d'Amiens,
De Pille, avocat au Parlement,
Le comte de LaMyre,
Le seigneur de Rousseville,
Le Sr Aubé de Bracquemont,
Le marquis de Nesle, etc.

DIME ECCLÉSIASTIQUE.

La dîme ecclésiastique de Rosières consistait en 1795 journaux de terre, tous sujets à pleine dîme ; cette paroisse était chargée de 500 livres de portion congrue envers le curé, et de 330 livres de pension pour 2 vicaires ; l'arpentage de cette dîme est constaté par un procès-verbal de Claude Parviller, arpenteur royal à Rosières, le 3 février 1750.

Cette dîme est divisée en 6 parties.

Dîme du tour de ville, dîme de Rousseville, etc.

VOIRIES. — BOIS.

Le terroir de Rosières est coupé ou bordé de plusieurs belles voiries, plantées pour la plus part.

Elle est assez bien plantée de bois et possède 8 remises, dont 3 assez considérables.

SEIGNEURIE DE VRELY.

Le seigneur de Rosières est qualifié de seigneur de Vrely dans un grand nombre de titres.

Le 28 octobre 1719, Gilbert Du Ménil de Longuemare, seigneur de Beaufort et Vrely, vendit à Madame la comtesse de Parabère plusieurs fiefs du terroir de Vrely. Le 15 septembre 1775, Madame de Rotambourg vendit le domaine utile de ces fiefs au sieur Dhangest de Vauvillers; mais le seigneur de Beaufort, de qui relevaient ces fiefs en suzeraineté, exerça le retrait féodal sur la directe de ces fiefs, de manière qu'il n'en resta plus rien au seigneur de Rosières [1].

Le seigneur de Beaufort, ayant toutefois manqué de titres pour faire renouveler le terrier de ces fiefs, reçut les reconnaissances à modique censive.

NOTES.

1. — On écrit aussi Rozières, et dans les anciens titres : Rouzières, Reseriæ, vel *Rosariæ*, lieu planté de rosiers ; telle est l'indication étymologique donnée par M. l'abbé Decagny, dans *l'Arrondissement de Péronne*, page 309.

Le P. Daire fait remonter l'origine de ce bourg à l'an 890, date à laquelle il est fait mention de l'existence d'un fief dit de Rousseville dans ce lieu. M. Decagny semble contester cette origine en supposant que le P. Daire, — auquel on prête beaucoup plus d'erreurs qu'il n'en a faites, — a pu confondre l'ancien village de Rousseville en Santerre avec Ruisseville près Sithiu, dans le Boulonnais.

M. Decagny ajoute qu'il est fait mention de Rosières dans un cartulaire de Lihons de 1199.

D'après le Terrier, la population aurait encore été en 1777, c'est à dire après le deuxième incendie de 1773, de 700 feux et de 4000 âmes, tandis que M. Decagny ne la porte qu'à 1800 habitants après le troisième incendie de 1785, ayant détruit environ 70 maisons.

D'autres sinistres nombreux, dit-il, ont depuis cette époque couvert ce pays de ruines, et en ont presque entièrement renouvelé les habitations.

Ce sont ces désastres qui ont fait dire à M. Dusevel, dans ses *Lettres sur le Département de la Somme*, qu'à Rosières et dans les environs, « l'incendie et l'assassinat sont les moyens qu'on emploie assez souvent pour se venger de ses ennemis ».

Mais M. Decagny prétend, pour être plus juste, que si l'on rencontre quelques exemples d'une rare perversité dans les peuples ardents du Santerre, — au milieu desquels il exerce depuis longtemps son ministère, — en revanche on remarque assez généralement en eux un esprit religieux bien prononcé, et souvent une énergie héroïque pour la vertu.

2. — M. Pringuez, dans sa *Géographie du Département de la Somme*, donne à Rosières une population actuelle de 2496 habitants ; il constate que le marché du mardi existe encore, que l'on y fait le commerce de bonneterie, et qu'il y a des foires le 25 janvier, le jour de la Pentecôte et le 25 septembre.

3. — Une partie de cet ancien château sert maintenant de caserne à la brigade de gendarmerie.

4. — Les titres les plus anciens manquaient sans doute aux archives du château, car il résulte de plusieurs autres documents, notamment de deux cités par MM. Daire et Decagny, que Thomas de Rosières fut, à la fin du XII° siècle, l'un des premiers Seigneurs de cette terre. En 1243, paraît le chevalier Hugues, fils de Jean. Et en 1465, Georges Hovard, bailli d'Amiens, possédait cette Seigneurie.

Entre la date de 1243 et celle de 1465, il se trouve une lacune de plus de deux siècles, pendant laquelle je ne trouve aucun nom à citer ; il en est de même entre la date de 1465 et celle de 1507, à laquelle commence la généalogie non interrompue, établie par le Terrier.

Parmi les célébrités seigneuriales de Rosières figurent le fameux marquis de La Châtre, connu par les *billets à La Châtre*.

On sait, dit Madame de Caylus dans ses *Souvenirs*, que M. de La Châtre avait pour maîtresse Mademoiselle de l'Enclos : il avait exigé d'elle un billet comme quoi elle lui serait fidèle pendant son absence ; et, étant avec un autre, dans le moment le plus vif elle s'écria : *Ah ! le beau billet qu'a La Châtre !* (Edition de 1801, page 71.)

D'autres ont dit depuis, *Ah ! le bon billet qu'a La Châtre !* C'est même avec cette dernière expression que ce bon mot devenu proverbe est généralement cité.

On trouve aussi dans cette liste seigneuriale le comte et la comtesse de Parabère, le comte et la comtesse de Rotambourg, qui étaient en même temps seigneurs de Vrely. Ce titre de Seigneur de Vrely était du reste attaché à la terre de Rosières.

5. — La nomenclature des droits féodaux des Seigneurs de Rosières offre deux particularités assez remarquables, qui prouvent combien on était alors ingénieux pour multiplier les redevances sous toutes les formes, et à propos de tous les actes de la vie.

Ainsi les châtelains de Rosières percevaient un droit sur les laines et les fils qui se vendaient et achetaient dans le village et que les particuliers étaient obligés d'apporter à cet effet à une halle qui existait sur la place, vis-à-vis l'église. On retirait même un droit de location du pesage de ces marchandises, la redevance principale étant due sans doute d'après le poids. Les titres du premier de ces privilèges sont perdus, mais la tradition en a conservé le souvenir, et un bail du 1er octobre 1739 constate encore l'existence, sinon la quotité, du droit que s'attribuaient les Seigneurs de Rosières d'affermer les poids et mesures, et de conférer cette charge, en dernier lieu (1739), à un sieur Harlé. Le droit de poids et mesures et d'étalonage appartenait, selon *le code féodal*, à tous les Seigneurs hauts justiciers, s'il n'y avait coutume ou titre contraire.

L'autre source de profit féodal était connue sous le titre de *Droit d'échange*, en vertu duquel droit tous les héritages et biens relevant du seigneur, tant en fief qu'en roture, étaient assujettis, lors de chaque mutation, au paiement d'une somme en argent. Mais il n'y avait que les seigneurs ayant acquis ce droit du Roi qui avaient le droit de le percevoir d'après la déclaration de 1673.

Les seigneurs avaient alors des charges et des obligations, il faut le reconnaître, mais ils ne négligeaient pas les moyens d'y faire face. Si par exemple, ils étaient tenus, comme à Rosières, de l'entretien des chemins, ils savaient bien imposer les corvées, les droits de travers et de péage. Les suzerains, possesseurs des plus riches propriétés, étaient exempts de taille et des autres impôts qui pesaient exclusivement sur les roturiers.

Voy. *Esquisses féodales du comté d'Amiens*, par A. Bouthors, 1813, les diverses *Coutumes locales*, le *Code des seigneurs* par Henriquez, 1780.

Il faut pourtant accorder des éloges mérités à plus d'un seigneur féodal, et notamment à Madame de Bosquillon, dernière *Dame de*

Rosières, qui s'est fait remarquer par ses belles qualités, par son équité, et ses généreux sentiments à l'égard de ses vassaux.

Le droit honorifique de *seul seigneur voyer*, et de *seule dame voyère*, fut toujours maintenu en faveur des propriétaires de la terre, malgré les attaques dont il fut l'objet de la part des seigneurs fieffés, c'est-à-dire des seigneurs étrangers à la terre, possédant des fiefs dans l'endroit.

Les rivalités étaient nombreuses entre les grands et les petits seigneurs à l'occasion de ces droits si variés. les droits de justice, de voirie, la banalité des fours et des moulins, ont donné lieu, à Rosières, à plusieurs procès longs et dispendieux, comme tous les procès entre gens jaloux des prérogatives les uns des autres, et disposés à payer grassement les procédures.

Un des plus obstinés agresseurs fut l'abbé Ozanne, prieur de Lihons, qui, en définitive, fut obligé de s'incliner devant le seigneur féodal de Rosières, de renoncer au droit de justice qu'il voulait exercer, et de démolir les ailes d'un moulin qu'il avait fait établir sur le terroir de cette commune. (1745).

Le prieur de Lihons était d'ailleurs lui-même une puissance féodale, il possédait un grand nombre de terres, de domaines, de maisons, de moulins, de fours et de droits en Picardie et ailleurs ; il dîmait à Rosières et avait la prérogative de présentation à la cure.

Une chose digne de remarque, c'est que le fameux *Droit de marché* en usage dans le Santerre, n'est nulle part mentionné, dans le Terrier.

6.—L'église de Rosières n'offre rien de remarquable, St-Omer dont la fête se célèbre le 9 septembre, en est le patron. M. Leroux en était curé vers la fin du xvii° siècle et au commencement du xviii°.

7.— Le droit exhorbitant et abusif du *Retrait féodal* avait des conséquences telles que l'on ne pouvait jamais être assuré de jouir, comme paisible propriétaire, de biens légitimement acquis, lorsqu'il plaisait au suzerain de vous en déposséder. Ceux qui se plaignent aujourd'hui d'être expropriés pour cause d'utilité publique,—et tous les dépossédés ne se plaignent pas, tant s'en faut —; que diraient-ils si un droit aussi arbitraire existait encore ? Ils pourraient dire adieu aux chances heureuses des copieuses indemnités.

Quelque chose dans notre droit moderne rappelle un peu le *Retrait féodal*, c'est le *Retrait successoral*, en vertu duquel un héritier peut déposséder l'acquéreur étranger à la succession, des droits successifs de son co-héritier, lorsqu'il s'agit de biens indivis. Mais on sait que ce droit a été stipulé dans l'intérêt des familles, pour obvier aux inconvénients que présente quelquefois l'immixtion d'un étranger en pareil cas.

www.ingramcontent.com/pod-product-compliance
Lightning Source LLC
Chambersburg PA
CBHW060931050426
42453CB00010B/1959